हमने आगे बढ़ना

आभास मालगुड़ी

Made with ♥ on the Notion Press Platform
www.notionpress.com

जिन्होंने व्यक्त-अव्यक्त
रूप में इस जीवन को
अर्थ और दिशा दी।

क्रम-सूची

क्रम-सूची

क्रम-सूची

दो शब्द

सोशियल मीडिया और एआई के इस दौर में साहित्य रचना-पढ़ना आहिस्ता-आहिस्ता हाशिये पर खिसक रहा है। युवाओं में कविता-कहानियों सहित साहित्य की दूसरी विधाओं में रुचि कम हो रही है। डिजिटल माध्यमों के इस समय में प्रिंट माध्यमों में रुचि लगातार घट रही है। ऐसे कालखण्ड में आभास मालगुड़ी द्वारा कविताओं को लिखना और उन्हें छपवाना एक आशा को जगाता है।

आभास मालगुड़ी अभी 24 साल के हैं। उन्होंने आई.आई.टी. जोधपुर, राजस्थान से एम.एससी. (गणित) किया है और वर्तमान में प्रतियोगी परीक्षाओं की तैयारी कर रहे हैं। पढ़ाई के दबाव और कैरियर की चिंताओं के बीच से निकली इस संग्रह की कविताएँ वैयक्तिक चिंताओं और चुनौतियों से निकल कर वर्तमान जीवन की विविध दिशाओं में फैलाव की ओर अग्रसर दिखती हैं। कविताओं में दोस्तों से मिलना, बिछुड़ना, यात्राएँ, मौज-मस्ती, बचपन, कैशोर्य, स्कूल-कॉलेज, समारोह, शिक्षक, कैरियर, पढ़ाई, सपने, पुस्तकें, घर की यादें, दर्शन और विचार जैसे सहज और स्वाभाविक विषयों के साथ समकालीन चिंताओं और विविध दृश्यों की उपस्थित भी दिखती है।

आभास की कविताओं में हमें आज के युवा मन की थाह मिलती है। इस संग्रह की कविताएँ हमें युवा मनों में झांकने का अवसर देती है। इन कविताओं से गुजरना वर्तमान समय में युवाओं की सोच, समझ, चिंताएँ, भावनाएँ, संवेदनाएँ, उनके आकर्षण और

विकर्षण से गुजरना है। ये कविताएँ बताती हैं कि वर्तमान में युवाओं में सिर्फ प्यार-मोहब्बत और विपरीत लैंगिक आकर्षण ही नहीं दुनिया के दीगर मसले भी उद्वेलित कर रहे हैं।

इन कविताओं में कच्चेपन की महक और शुरुआती दौर का खुरदरापन भी हो सकता है मगर यह कविताओं को कृतिमता से मुक्त कर सहज, सरल और स्वाभाविक बना देता है। आभास मालगुड़ी की कविताओं में भविष्य की अपरिमित संभावनाएँ हैं।

इस संग्रह के प्रकाशन पर मैं हार्दिक शुभकामनाएँ प्रेषित करता हूँ।

-डॉ0 नंद किशोर हटवाल
हाउस नं-एच 323, नेहरू कॉलोनी, देहरादून

अपनी बात

जब भाषा किसी भाव अथवा विचार को सीधे कह पाने में असमर्थ हो जाती है, तब वही भाव विविध कलाओं का सहारा लेते हैं। इसी कड़ी में कविता भी एक माध्यम है। प्रस्तुत कविता-संग्रह बीते वर्षों के ऐसे ही अनुभवों, स्मृतियों, भावों और विचारों को संजोने का एक प्रयास है। मेरा यह मानना है कि प्रत्येक व्यक्ति संसार को अपने दृष्टिकोण से देखता है, इसलिए अपनी बात को व्यक्त करना भी आवश्यक हो जाता है, ताकि कविता के पीछे छिपा वास्तविक अर्थ पाठक तक पहुँच सके।

इस संसार के रचनाकार ने विविधता की कोई कमी नहीं रखी, फिर भी अनेक अनुभव ऐसे होते हैं जिन्हें हम सभी समान रूप से महसूस करते हैं, जैसे मित्रों के बिछड़ने का दुःख, फूलों की सुंदरता, ढलते सूर्य की सुरम्यता, या शहीदों के प्रति श्रद्धा। इसी कारण यह भी संभव है कि पाठकगण अपने जीवन और विचारों की झलकियाँ भी इस यात्रा में देखें। जब-जब जीवन में कोई घटना घटी और उसका भावनात्मक प्रभाव पड़ा, तब उसे कविता के रूप में अभिव्यक्त करने की कोशिश की गई। लेखन का एक उद्देश्य यह रहा कि सुखद स्मृतियों को एक स्थायी रूप दिया जाए और दूसरा यह कि जो स्मृतियाँ हृदय पर भार बनती हैं, उनका बोझ कुछ हल्का किया जाए।

धीरे-धीरे यही कविताएँ, जो कभी डायरी के पन्नों में दर्ज होती थीं, एक संकलन का रूप लेती चली गईं। इनमें घर का वातावरण, माता-पिता का स्नेह और सहयोग, मित्रों की यादें,

जीवन के छोटे-बड़े अनुभव, सब कुछ शब्दों में ढालने का प्रयास किया गया है। इस प्रयास में जो भी कमियाँ और कच्चापन रह गया था, उसे सँवारने और सुधारने में जिन-जिन का अमूल्य योगदान रहा, उन सभी के प्रति मैं हृदय से आभार व्यक्त करता हूँ।

इसी क्रम में साहित्य और लोकसंस्कृति की प्रतिष्ठित विभूति श्रद्धेय **डॉ. नंद किशोर हटवाल** जी के प्रति अपनी विशेष कृतज्ञता प्रकट करता हूँ, जिन्होंने अपनी व्यस्त दिनचर्या से बहुमूल्य समय निकालकर इस काव्य-संग्रह को दिशा दी, तथा अपने आशीर्वचन स्वरूप कुछ शब्द लिखकर इसे विशिष्ट गरिमा प्रदान की।

कविता रचना के इस शुरुआती प्रयास में अगर कोई त्रुटी रह गयी हों तो आशा है की पाठकवृन्द अपना बहुमूल्य सुझाव साझा करेंगे।

-आभास मालगुड़ी

दिनांक - 9 अप्रैल 2026

राम विराजे राम विराजे

बाजे सकल लोक दुंदुभि,
औ' बज रहे बाजे।
राम विराजे राम विराजे।

सज रही अयोध्या और सकल,
ब्रह्माण्ड लोक सब साजे।
राम विराजे राम विराजे।

प्रकाश पुंज से, तम को
मिटा, लला हिय माजे।
राम विराजे राम विराजे।

दर्शन करके राम लला के,
क्लेश अनिष्ट सब भाजे।
राम विराजे राम विराजे।

दीर्घ प्रतीक्षा, घोर परीक्षा,
पुकार आर्त सुन राम विराजे।
राम विराजे राम विराजे।

– ❖ – ❖ – ❖ –

हमने आगे बढ़ना

हमने आगे बढ़ना,
किसी से क्यों डरना,
तूफानों से लड़ना।
पार उन्हें भी करना है,
हमने आगे बढ़ना है।

शिशिर की शीतलता छाई,
ग्रीष्म बेचैनी लाई,
डर की हो परछाई।
इन पर ध्यान नहीं देना है,
हमने आगे बढ़ना है।

दाव लगाना सबका,
मिला आज या कब का,
इससे बड़ा कहर बरपा।
उत्सर्ग प्राण करना है,
हमने आगे बढ़ना है।

– ❖ – ❖ – ❖ –

शिक्षक महिमा

ना भान मुझे, ना ज्ञान मुझे,
आपकी है पहचान मुझे।

इसी से सब पा जाऊँगा,
सही दिशा में आ जाऊँगा।

पाया यहाँ प्रवेश नया,
नया-नया मैं सीख रहा।

नया-नया अनुभव यहाँ,
उज्ज्वल भविष्य है दीख रहा।

अभी चलना हम शुरू हुए हैं,
साथ जो मेरे गुरु हुए हैं।

आगे रास्ता बहुत पड़ा है,
लगता नहीं कोई लक्ष्य बड़ा है।

यह कविता जो लिख पाया,
हृदय से मेरे उत्तर आया।

सम्मान प्रकट ऐसे करता हूँ,
भावों से पंक्ति भरता हूँ।

– ❖ – ❖ – ❖ –

गुड़िया के बाल

आवाज़ घंटी की आती,
होता शुरू मेरा बवाल।
लगता पैसे माँगने घर पर,
लेने को गुड़िया के बाल।

दौड़ा-दौड़ा मैं जाता,
मुट्ठी में पैसे संभाल।
भइया, दे दो कितने का है,
जो टाँके गुड़िया के बाल।

दिखने में लगते हैं कितने,
चलेंगे मानो अभी फ़िलहाल।
मुख में रखते ही ग़ायब,
हो जाते गुड़िया के बाल।

अब जो मैं बड़ा हो गया,
कुछ वर्षों का बीता काल।
न रुचि, न लालच वैसा,
देखकर गुड़िया के बाल।

मिला न हो अनुकूल उम्र के,
इच्छा उसकी और ख्याल।
हम बच्चों-सी करते हैं ज़िद,
जो चाहते गुड़िया के बाल।

मेहनत करते, पर फिर भी
मिले नहीं तो हुआ मलाल।
प्राप्त हुआ जब, भुला बैठते,
हम जैसे गुड़िया के बाल।

– ❖ – ❖ – ❖ –

पुस्तक के बाहर

अंग्रेज़ी का पाठ चल रहा था,
पुस्तक का नाम था हॉर्नबिल।

थोड़ा-सा ध्यान भटका,
वापस लाना था मुश्किल।

नज़रें गईं खिड़की से बाहर,
जब वृक्ष की एक डाल हिली।

उस डाल पर सच में,
एक हॉर्नबिल बैठी मिली!

आश्चर्य! क्या संयोग बना,
इससे पहले दिखी नहीं थी।

इससे पहले मेरी नज़रें,
इतना बाहर टिकी नहीं थी।

भले ही पुस्तक कितनी सुंदर,
उस पक्षी से हो सकती क्या?

हमने आगे बढ़ना

पुस्तक के बाहर घटनाएँ,
घटित सामने हो सकती क्या?

– ❖ – ❖ – ❖ –

सांझ की सुनहरी किरण

मन संतप्त लगे,
करना हो दुखों का क्षरण,
देख लेता हूँ कुछ देर,
सांझ की सुनहरी किरण।

विरह वेदना सताए,
किसी का हो स्मरण,
मुझको ढांढस बँधाती,
सांझ की सुनहरी किरण।

नीरस दिन बीता हो थक कर,
सब कुछ से भर जाए मन,
जीवन में उत्साह है भरती,
सांझ की सुनहरी किरण।

उथल पुथल सा लगे जीवन,
करना हो स्व का विस्मरण,
मुझको अचंभित कर देती,
सांझ की सुनहरी किरण।

साधुवाद बीते दिन को,
श्वासें अर्पित सूर्य-चरण,
निहारता हूँ कुछ देर,
सांझ की सुनहरी किरण।

महसूस अकेलापन हो,
मैं आलिंगन करने गगन,
बाँह फैलाए स्वीकार है करती,
सांझ की सुनहरी किरण।

– ❖ – ❖ – ❖ –

मृत्युंजय भारत

विश्व को अभिभूत कराया मानवता की सेज से,
परम पद को प्राप्त किया बल, तपस्या, तेज से।

छल-प्रवंचना से यहाँ व्यक्ति अनभिज्ञ था,
सद्भावना, सदाचार यहाँ इनसे वह विज्ञ था।

समय साक्षी, जहाँ आक्रमण वहाँ भाषा मृत हुई,
इस पुण्य भूमि पर सनातन संस्कृत हुई।

नदियाँ, हिमशृंखला और चरणों में सेवक समुद्र,
त्रिवेणी का है संगम त्रिदेव ब्रह्मा, विष्णु, रुद्र।

अणु, ग्रह, परमाणु और ज्योतिष की निधि है,
हर कार्य की यहाँ सरलता, सहजता, विधि है।

मनुष्यता, कर्तव्यपरायणता और मूल्य अभीष्ट,
विज्ञान, दर्शन के सूत्र यहाँ और साहित्य उत्कृष्ट।

– ❖ – ❖ – ❖ –

हम मिले, तुम मिले

कई वर्ष लम्हों में सिमट जाते हैं,
सदाबहार रहेंगे दोस्ती के सिलसिले।
हम मिले, तुम मिले।

दूर हों पर, दूरी नहीं होगी,
रह जाएगी बस यही ख्वाहिशें।
हम मिले, तुम मिले।

यात्राएँ कितनी भी हों,
याद आते हैं, कुछ ख़ास क़ाफ़िले।
हम मिले, तुम मिले।

झुलसती धूप, बारिश हो,
छोटे से लगते हैं सारे रास्ते।
हम मिले, तुम मिले।

अंधेरा लगे साफ़ न दिखे,
दीप से बढ़ाते एक दूसरे के हौसले।
हम मिले, तुम मिले।

सुलझ जाती उलझने,
सुलझ जाते मामले।
हम मिले, तुम मिले।

– ❖ – ❖ – ❖ –

पर्वत पर बसना

धूल भरी आँखें हैं,
और धूसरित कपड़े हैं।
राह छोड़ घर की आए,
और बनाते सड़कें हैं।

बह गए मवेशी बेबस,
और बह गई झोपड़ियाँ।
खेत ढह गए हैं जिनके,
फटते बादल, उफनती नदियाँ।

सुनसान सी हो रात,
बाघ लगा हो आदमखोर।
सहसा भालू को देख,
लोग मचाने लगते शोर।

ऊँचे पर्वत ढकते सूरज,
बहती शीतल शुष्क पवन।
लंबे, संकरे, कठिन रास्ते,
उस पर फैले निर्जन वन।

बिजली-पानी की हो दिक्कत,
बर्बाद फसल करते सूअर।
स्वास्थ्य समस्या, दूर अस्पताल,
सर्प विषैले, जीवन दूभर।

इतने पर भी शांत सभी,
और नहीं विचलित होते।
चेहरे पर मुस्कान सदा,
और शरीर सुदृढ़ होते।

सूरज के उगने से पहले,
पर्वत की नारी उठती।
कभी गौशाला, कभी खेत,
और कभी कपड़े बुनती।

काम़ करते-करते,
यदि थकान लग जाती है,
एक साथ जमा होकर,
लोकगीत सब गाती हैं।

बहते रहते निर्मल झरने,
कल-कल करती हैं नदियाँ।
हिम की चादर ओढ़े पर्वत,
और मनोहर वादियाँ।

फूलदेई, हरेला,
हर मौसम त्योहार यहाँ।
झूमते हैं देवता,
और नाचती डोलियाँ।

जन-जन के मन आस्था,
संस्कृति निभाती पीढ़ियाँ।
यहाँ खेत दिखते ऐसे,
जैसे स्वर्ग की सीढ़ियाँ।

तीर्थों की पुण्य भूमि,
और ऋषियों की आभा है।
नदियों का होता संगम,
चार धाम की शोभा है।

इतना सब सौभाग्य हमें,
यूँ ही प्राप्त नहीं होता।
पर्वत पर बसने का अवसर,
यूँ ही प्राप्त नहीं होता।

पर्वत पर बसना हो यदि,
पर्वत-सा बनना होता है।
यह तपस्थली है ऋषियों की,
तप इस पर करना होता है।

– ❖ – ❖ – ❖ –

किसको याद करूँ

कहने को इतना कुछ,
कि ज़ुबान थक जाएगी।
लिखने को इतना कुछ,
कि क़लम थम जाएगी।

डायरेक्टर सर का दिशा-निर्देश,
हेडमिस्ट्रेस मैम की चुलबुलाहट।
स्पोर्ट्स जाने को कोऑर्डिनेटर सर से,
मिलने की बौखलाहट।

प्रिंसिपल मैम के पढ़ाते,
क्लास में होता सन्नाटा।
याद करूँ वो लम्हें,
जब टीचर्स ने मुझे डाँटा।

याद आता है दौर
नुक्कड़ नाटकों का, भाषणों का।
धन्यवाद दूँ दोस्तों को,
आशीर्वाद लूँ शिक्षकों का।

याद करूँ मैं एम.यू.एन.,
एग्ज़िबिशन या स्पोर्ट्स डे,
या शांत रहने को बोलकर भी,
बच्चे कितने थे बोलते!

हर दिन असेंबली में,
बच्चों का नया कह जाना।
रिपब्लिक डे, इंडिपेंडेंस डे पर,
देशभक्ति में बह जाना।

केमिस्ट्री सर के जुमले,
मैम का नाटक सिखाना।
वाइस प्रिंसिपल मैम का अनुशासन,
फिज़िक्स मैम का मुस्कुराना।

डांस मैम का "नाचो" कहकर,
हमको डांस सिखाना।
म्यूज़िक टीचर के साथ,
सुरों में बह जाना।

स्पोर्ट्स सर को देख उत्साह से भर जाना,
ड्रॉइंग सर की कला हमने सराहना।
आह! क्या ये सब सच था,
या देखा मैंने सपना सुहाना?

कहने को इतना कुछ है,
कि ज़ुबान थक जाएगी।
लिखने को इतना कुछ है,
कि क़लम थम जाएगी।

अड़चनों, मुश्किलों से गुज़रूँगा जब भी मैं,
तब इन पलों लम्हों की ही याद आएगी!

– ❖ – ❖ – ❖ –

मुस्कान

मुस्कान,
चेहरे पर तो एक,
अभिव्यक्त करती है
भाव अनेक।

कभी सहमति,
तो कभी स्मृति की,
कभी बनावट,
तो कभी रति की।

शुरू करने
कोई बात को,
या सहते
किसी आघात को।

किसी को
उपहार देकर,
किसी के
उपकार पर।

दूसरे की
सहजता को कभी,
मुस्कुरा देते
हम सभी।

पर ये सब
चेहरों की लकीर,
मुस्कान कहते हैं
किसे फिर?

शायद
शिशु की-सी निश्छल,
देती मायने
करती अविचल ।

हृदय पुलकित
जो है करती,
उम्मीदों से
जीवन भरती।

– ❖ – ❖ – ❖ –

गंगा जी के उस पार

गंगा जी की महिमा अपार,
पार नहीं इसका कोई पता।
जब स्मरण होता वह दृश्य,
मन कहने को ललचाता।

डूबता सूर्य बनारस में एक,
अनेक सूर्य जल में हैं दिखते।
गुज़रती नौका जब वहाँ से,
बिखर जाते नहीं है वे टिकते।

गति धीमी पड़ जाती - "है रेत,"
सफ़ेद चादर-सी उस पार है फैली।
मन होता है निश्चिंत यहाँ पर,
यही बनारस की है शैली।

नौका दिखती आती इधर,
उधर घाट मनमोहक दिखते।
जान पड़ा कवि गंगा जी की,
पावनता पर क्यों है लिखते।

– ❖ – ❖ – ❖ –

तुम्हारे हिस्से के किस्से

तुम्हारे हिस्से के किस्से याद आएँगे,
और साथ बिताए पल साथ जाएँगे।
हम भटक लें चाहें इस जहाँ में,
तुम्हें यूँ न भुला पाएँगे।

तुम्हारे हिस्से के किस्से याद आएँगे।

मैंने तुम्हें जानकर ख़ुद को जाना,
तुमने जीवन में था आना।
दुःख! भला वो क्या होता है?
हम तुम्हें याद कर मुस्कुराएँगे।

तुम्हारे हिस्से के किस्से याद आएँगे।

क्या थोड़े ये पल बड़े हो सकते थे?
क्या तुम्हारी बातों में और खो सकते थे?
मिलना न जाने कब हो, तरस जाएँ आँखें,
बस फ़ोटो को देख दिल बहलाएँगे।

तुम्हारे हिस्से के किस्से याद आएँगे।

अगर समय लेने को कभी आपका,
गुफ़्तगू करने की दो पल को,
जब कॉल करेंगे हम,
क्या आप कॉल उठाएँगे?

तुम्हारे हिस्से के किस्से याद आएँगे।

– ❖ – ❖ – ❖ –

नारी अधिकार

तुमने की सबकी इच्छा-पूर्ति,
त्याग करुणा की हो मूर्ति।

सफलता के पीछे तुम्हारा हाथ,
कष्ट, परिश्रम प्रभात हो या रात।

तुम्हारा जन्म खुशी का जन्म ,
संसार तुम्हारे धैर्य पर मग्न।

अत्याचार सहे, सहे प्रहार,
शीलता पाली, अनैतिकता का संहार।

सबला बनी, बनी सशक्त,
क्रांति फैली, विकास हुआ प्रशस्त।

ऊँचा किया नाम परिवारों का,
आपको अधिकार अधिकारों का।

तुम्हारे अधिकार रहें सनातन,
कर्तव्यों का न हो पतन।

– ❖ – ❖ – ❖ –

स्मृतियाँ

स्मृतियाँ देती कष्ट कभी,
मन हर्षित कर लेती हैं।
होता ना कोई रूप है इसका,
फिर भी सब कर लेती हैं।

पूर्वाग्रह होते हैं कभी,
मन इनसे भर लेती हैं।
कभी क्रोध की ज्वाला में,
बुद्धि भी हर लेती हैं।

कोई दृश्य देखा हो मोहक,
हृदय प्रफुल्लित करती हैं।
दृश्य यदि देखा विचित्र हो,
मन आश्चर्य से भरती हैं।

पकड़े रखें सही स्मृतियाँ,
जीवन बन जाता है सुंदर।
तभी कहा जाता है की,
खुशियाँ रहती मन के अंदर।

– ❖ – ❖ – ❖ –

तुम कोई और हो

तुम शीतल निशा-सी,
मैं देहलीज़ पर खड़ा भोर हूँ,
तुम कोई और हो, मैं कोई और हूँ।

तुम वीणा की झंकार सी,
मैं ट्रैफिक का सा शोर हूँ,
तुम कोई और हो, मैं कोई और हूँ।

तुम सुंदर मोतियों-सी,
मैं उसे बाँधता डोर हूँ,
तुम कोई और हो, मैं कोई और हूँ।

तुम प्रेम भरी वैष्णव-सी,
भटकता मैं अघोर हूँ,
तुम कोई और हो, मैं कोई और हूँ।

तुम सरलता की मूरत सी,
और मैं लगाता ज़ोर हूँ,
तुम कोई और हो, मैं कोई और हूँ।

तुम बहती मन्द वायु सी,
तूफ़ान मैं घनघोर हूँ,
तुम कोई और हो, मैं कोई और हूँ।

– ❖ – ❖ – ❖ –

एक बालिका बनारस की

एक बालिका बनारस की,
पैसे माँगते पास आ गई।
मैले से सब कपड़े थे और,
फटा पर्स साथ ला गई।

कुछ देर खड़ी रहकर बोली,
"भूखी हूँ, कुछ पैसा दे दो,
दुकान से, जो खुली सामने,
पेट भरे, कुछ ऐसा दे दो।"

जितनी छोटी जेब थी उसकी,
दिल उसका उतना बड़ा था।
मैं बोला, "मैं भी भूखा हूँ,
दिला दो कुछ रूखा-सूखा सा।"

पर्स के सारे पैसे,
रख मेरे हाथ वह,
बिना कुछ बोले ही,
निकल गई अकस्मात् वह।

मैं भौंचक्का रह गया,
उसको अपने पास बुलाया।
थोड़ा बहुत था मेरे पास,
उतना ही उसको दे पाया।

करुणा से हिया भर जाता है,
जब भी याद मुझे आता है।
वो बी.एच.यू. 'विश्वनाथ मंदिर',
और एक बालिका बनारस की।

– ❖ – ❖ – ❖ –

गृहिणी

सूर्य चंद्र के साथ अनुशासन में,
गृहिणी का भी नाम आएगा।
मन कैसे होता शासन में,
सिखा दो, हमारे काम आएगा।

बली कर्ण के सुने हैं किस्से,
पर तुम क्या कम दाता हो।
पालन करती निःस्वार्थ पोषण से,
धन्य हो तुम, वो माता हो।

स्वयं संतुष्ट रहकर भी तुमने,
त्याग-सुख चरितार्थ किया।
जब गलती की आश्रित जन ने,
डाँटा, स्नेहयुक्त सुधार किया।

संसार बोला धन-सामान हो,
संतुष्टि की हो तुम धारा।
कामना तुम्हारी बालक महान हो,
फिर चाहे अर्पण जीवन सारा।

जब तक सब न कर लें भोजन,
तब तक खुद भी न करती हो।
तुमसे ही तो घर है रौशन,
उम्मीदों से जीवन भरती हो।

– ❖ – ❖ – ❖ –

भारत माँ के उठो सपूतो !

भारत माँ के उठो सपूतो,
बलिदान की बारी है।
बहुत जी लिए तमस में,
अब प्रकाश की बारी है।

झोंक दो सब वासनाएँ,
कर्तव्य पालन के अनल में।
विचारो अब वक़्त आ गया,
जान लो तुम एक पल में।

द्‌वेष, ईर्ष्या की जो भावना,
पाल रखी हमने मन में।
बाहर आकर निजसुख से,
करो ध्यान एकाग्र वतन में।

नैतिकता की नींव डालना,
हृदय तुम्हारा विमल हो!
प्रशस्त होगा पंथ स्वयं,
अगर प्रतिज्ञा अटल हो!

– ❖ – ❖ – ❖ –

मैं राह देखता रहा

दिन बदला, रात बदली,
बदल गया सब हाल भी
और...
मैं राह देखता रहा।

महीने बदले, मौसम बदले,
बदल गए हैं साल भी
और...
मैं राह देखता रहा।

व्यवस्था बदली, अवस्था बदली,
होता नहीं मलाल भी
और...
मैं राह देखता रहा।

समझाया, उत्तर भी देकर,
बदला नहीं सवाल भी
और...
मैं राह देखता रहा।

इतनी मुद्दत, शिद्दत पर,
सुलझा न वो जाल भी
और...
मैं राह देखता रहा।

बदलती हर छन है दुनिया,
बदला नहीं ख़याल भी
और...
मैं राह देखता रहा।

– ❖ – ❖ – ❖ –

मणिकर्णिका पर उठता धुआँ

जो सबके साथ घटित होता,
जिसका होना निश्चित होता।

क्या उससे सहज नहीं होते?
फिर भी मृत्यु पर क्यों रोते?

जब खुद को काशी में पाते,
तब ये क्यों विचार आते?

दिखती ले जाती जब हवा,
मणिकर्णिका पर उठता धुआँ।

उधर घाट पर चिता निरंतर,
धूँ-धूँ करके जलती हैं।

निश्चेष्ट देह भी बिना हिले,
कंधों के सहारे चलती हैं।

पंचतत्व से बनी देह की
अस्थियाँ गंगा में मिलती हैं।

जन-सामान्य भी ज्ञान लिए,
विद्या काशी में पलती है।

– ❖ – ❖ – ❖ –

सुंदर फूल

बरसात के बाद,
खिलखिलाती धूप में,
टहलने निकला जब।

थोड़ी ही दूर चलकर,
सुंदर फूल दिखे तब।

मन में विचार आए,
क्या इसे रख लूँ मैं?
क्या इसे तोड़ा जाए?

पर क्या ऊब नहीं जाऊँगा,
कुछ देर होते ही?
क्या पहले जैसा ही पाऊँगा,
कुछ देर होते ही?

मुरझा जाएगा वो,
मेरे सान्निध्य में।

बिना उसे तोड़कर,
उसे वहीं छोड़कर,

टहलने निकला जब,
खिलखिलाती धूप में,
बरसात के बाद।

– ❖ – ❖ – ❖ –

तुम अपने हो

मैं चाहे बोलूँ या न बोलूँ,
तुम अपने हो, समझ लोगे।

दिल के ये दरवाज़े खोलूँ,
तुम अपने हो, भीतर होगे।

भावों को शब्दों में घोलूँ,
तुम अपने हो, परख लोगे।

या यूँ कभी मस्ती में डोलूँ,
तुम अपने हो, साथ दोगे।

तुम अपने हो, ये भी क्यों कहना?
नहीं जानते हो, ये भी क्या?

बस याद यूँ ही करते रहना,
नहीं मानते हो, ये भी क्या?

भले न मानो, याद करो,
या बेबुनियादी फ़रियाद करो।

वक़्त जो थोड़ा-सा बीतेगा,
और विरह जब भी जीतेगा।

बीती बातें जब भी सोचोगे,
तुम अपने हो, समझ लोगे।

– ❖ – ❖ – ❖ –

नए साल पर

बदली तारीख,
गलती होगी लिखने में इसे,
लिखना संभालकर,
नए साल पर...

बदलेगी तस्वीर,
छपी है टंगे कैलेंडर में,
घर की दीवार पर,
नए साल पर...

संदेशे आएँगे,
मिलेंगे कुछ लोग, फिर सब
अपने हाल पर,
नए साल पर...

बनेंगे संकल्प,
कुछ रहेंगे, बाकी टूटेंगे
थोड़े अंतराल पर,
नए साल पर...

पटाखे फूटेंगे,
ज़ोरदार जश्न, अगली सुबह
सब बेहाल पर,
नए साल पर...

बदलेगी तारीख,
कशिश अधूरी ख़्वाहिशों के
ख़याल पर,
नए साल पर...

– ❖ – ❖ – ❖ –

जड़ से अपनी जुड़ा रहा

बहती पवन और पेड़ों की
पत्तियाँ कितनी झूम रही।

डालों के कुसुमों को छूती,
हवा महकती घूम रही।

झोंका तेज़ हुआ वायु का,
कुछ डाल पेड़ की गिर पड़ी।

समीर गति से टकराई जब,
कुछ छाल पेड़ की गिर पड़ी।

इस पर भी वो वृक्ष वहाँ पर,
अविचल, मौन-सा खड़ा रहा।

या गिरना मंज़ूर था उसको
या जड़ से अपनी जुड़ा रहा।

– ❖ – ❖ – ❖ –

परीक्षा से है डरना क्यों?

परीक्षा से है डरना क्यों?
मन विचलित यूँ करना क्यों?

विफल भले हो जाएँ हम,
इतनी आहें भरना क्यों?

अंकों से न पुष्टि होगी,
मेहनत से संतुष्टि होगी।

पढ़ना भला व्यर्थ जाता है?
विद्या यह उपयोगी होगी!

रुष्ट नहीं होना फिर भी,
शुष्क नहीं होना फिर भी।

विकल्प नहीं परिश्रम का,
शिथिल नहीं होना फिर भी।

पढ़ते बच्चे, बढ़ते बच्चे,
बोझ नहीं है जीवन ये।

बस तकलीफों से लड़ते बच्चे,
सोच नहीं है जीवन ये।

– ❖ – ❖ – ❖ –

सेनानियों की ओर से

हमने भी शीश झुकाया है,
हमने भी ख़ून बहाया है।

भारत माँ की रक्षा खातिर,
हमने भी प्राण गँवाया है।

अब भी दिखते हैं भ्रष्ट लोग,
जनता के पैसों की होती मौज।

भुने चने खाकर हमने,
इसीलिए सहे थे कष्ट रोज़?

क्यों सड़कें इतनी टूट गईं?
क्यों जनता इतनी रूठ गई?

स्वतंत्र देश दिया तुमको,
ईमानदारी सब छूट गई!

ना खाना-पानी शुद्ध है,
प्रकृति भी यूँ क्रुद्ध है।

ये देख हुई नम आँख हमारी,
कंठ हुआ अवरुद्ध है।

ख़ुद को न जान सके?
ख़ुद को न पहचान सके?

इतने वर्ष हुए आज़ादी को,
आज़ाद न ख़ुद को मान सके!

आज़ादी ज़िम्मेदारी है,
अगर तुम्हें ये प्यारी है।

मूल्य चुकाना चाहोगे?
जान लो, कितनी भारी है!

वो कष्ट तुमने न देखा होगा,
शायद विधि का लेखा होगा।

जो विरह हुआ विधवाओं को,
ख़ुद को कैसे रोका होगा!

तुमको ये ध्यान नहीं होता,
तुमको ये ज्ञान नहीं होता।

वतन पर जान छिड़कते थे,
उस पर क्यों मान नहीं होता?

– ❖ – ❖ – ❖ –

विरोधाभास

फिसल गए हम वस्तु पर,
जो कोई साधारण पाता है।
गिर गए हम प्रतिभा से,
जिस पर जग शीश नवाता है।

और टूट पड़े स्रोत पर,
जहाँ टप-टप बूँदें रहती हैं।
छोड़ दिया अविरल झरना,
हर पल जलधारा बहती है।

प्यास लगी हमको हमने,
रूखा-सूखा खाया है।
निंदा के भय से लोगों की,
उसको रसमय बताया है।

थककर भी हम सबको,
अपनी मुस्कान दिखाते हैं।
समझ सके न बात, उसी को,
अपना ही ज्ञान बताते हैं।

मिला कोई सुख, शांति कोई,
सो-सो कर ही दिन बीता है।
निकले नव-सुख की खोज में,
रो-रो कर ही दिन बीता है।

दुःख मिटे, साधन जुटे,
इसमें ही हम लगे रहे।
अफ़सोस, जान सके ना,
इसमें ही ग़म लगे रहे।

– ❖ – ❖ – ❖ –

जीने का अधिकार

जीने का अधिकार दिया
हमको हमारे संविधान ने,
फिर हर तरफ़ इसे छीनने का,
लगता क्यों व्यवधान है?

आनंद उठाना चाहता हूँ,
शुद्ध हवा और पानी का,
ये भी दुर्लभ क्या सिला मिला,
हम सबकी नादानी का।

मन करता है कि खेलूँ मैं,
धरती माँ की उस मिट्टी से,
ढूँढूँ कहाँ? घिरा हुआ
मार्बल-सीमेंट की पट्टी से।

सोना चाहता हूँ छत पर,
तारों की चादर ओढ़कर,
प्रदूषण के चलते तारे भी,
चले आसमान छोड़कर।

संस्कृति को अपनी,
जीना चाहता हूँ भरपूर,
कार्यक्रम कुछ दिखते केवल,
बाकी जीवन से गई दूर।

मन मोह ले, निःशब्द करे,
वो स्वच्छ नदी की धारा है,
ये भी दूषित, लगता मटमैला,
जैसे कोई फव्वारा है।

देखना चाहता हूँ गाँव,
एक रूप परिवार का,
दिखता कम ये अब क्यों,
क्या हाल हुआ संसार का।

शुद्ध हवा, पानी, परिवार,
ये हैं जीवन का आधार,
इनसे हटकर, नहीं छिना?
मेरे जीने का अधिकार।

– ❖ – ❖ – ❖ –

जितना भी मिला

ना मकान किसी पे, ना दुकान किसी पे,
ना आँख किसी की, ना ज़ुबान किसी पर।
मैं ग़म में था हितैषी कम हमारे,
ना पिता किसी के, ना माँ किसी पे।

तरसता हूँ कोई मुक़ाम मिल जाए,
विरासत में पूँजी जमा मिल जाए।
दोस्तों की महफ़िल, समा मिल जाए,
ना खाने को खाना, खुला आसमान किसी पे।

जितना पाता हूँ, कम ही लगता है,
दो पल की खुशी, फिर ग़म ही लगता है।
पाने पर व्यर्थ ही लगता है सब,
जितना मिला, उतना कहाँ किसी पे ।

ये हवा, ये पानी, ये धरती, ये अंबर,
गर्मी में पंखा और सर्दी में कंबल।
बहन का प्यार, माता का आँचल,
ए ज़िंदगी, और कुछ परवान किसी पे।

– ❖ – ❖ – ❖ –

आप देखे मैंने

ख़्वाब देखे मैंने
आप देखे मैंने
तब ख़्वाबों से मेरा
कम हुआ फ़ासला
आप देखे मैंने।

ज़िंदगी की राहों में
नित नए पड़ावों में
ख़ुद को कम आंकने का
कम हुआ सिलसिला
आप देखे मैंने।

पाया बीएचयू में प्रवेश
आपके सुने दिशा-निर्देश
सुधरते से दिखने लगा
मेरी जिंदगी का मामला
आप देखे मैंने।

कम हुई अड़चन
उलझन बनी सुलझन
बढ़ने लगा मेरा
बढ़ने का हौसला
आप देखे मैंने।

क्या मैं समर्पण करूँ?
क्या मैं अर्पण करूँ?
ज़रा-सा भी क्या
इस क़ाबिल हूँ भला
आप देखे मैंने।

– ❖ – ❖ – ❖ –

बंद कमरे की गूँज

पाँच बज गए,
कॉलेज की बस जा रही,
मैं अकेला यहाँ,
घर की याद आ रही।

किसी कारण से
अपने आशियाने ना जा सका,
सोनपापड़ी, मिठाई
भी ना पा सका।

मैं कमरे की रोशनी में,
बाहर दीपक जल रहे,
गूँज रहा है समा,
फुलझड़ी-अनार जल रहे।

लड़ियों की माला से
सजे हैं हॉस्टल सभी,
लड़ियाँ लगवाता या
ख़ुद लगाता था कभी।

आज बस संदेश आ रहे,
जिनसे मिलना होता था,
आज ये नींद आ रही,
तब पूरी रात ना सोता था।

मस्ती, तोहफ़ों का
त्योहार दिवाली पुंज,
अब अकेला साथ में मेरे
बंद कमरे की गूँज।

– ❖ – ❖ – ❖ –

वो कहते पढ़ने को कविता

मैं अपने दिल के घावों को,
इन शब्दों के धागे से सीता।
वो कहते पढ़ने को कविता!

क्या मात्र तुकों का मेल है ये?
इसके बल पर हूँ मैं जीता।
वो कहते पढ़ने को कविता!

शुष्क हृदय का खेल नहीं ये,
घोल मैं भावों का हूँ पीता।
वो कहते पढ़ने को कविता!

अनुभव से नपती गहराई,
नाप सके कोई और न फीता।
वो कहते पढ़ने को कविता!

ये कविता भरती जीवन में
रंग, बिना इसके हूँ फीका।
वो कहते पढ़ने को कविता!

भार भरा भावों का जो,
इससे हल्का होता जी का।
वो कहते पढ़ने को कविता!

– ❖ – ❖ – ❖ –

कुछ दोस्त चाहिए आपसे

शीतलता प्रदान करें
जोधपुर के ताप से,
कुछ दोस्त चाहिए आपसे।

क्वालिटी टाइम दें,
बचाएँ रील्स के संताप से,
कुछ दोस्त चाहिए आपसे।

और बचाएँ हमें
अकादमिक बोझ के अभिशाप से,
कुछ दोस्त चाहिए आपसे।

निःस्वार्थ दोस्ती करें
न आँकें गुणों के माप से,
कुछ दोस्त चाहिए आपसे।

छुट्टी कराएँ इवेंट्स पर
बचाएँ हमको क्लास से,
कुछ दोस्त चाहिए आपसे।

करें ज़रूरी बातें,
मन हल्का करें व्यर्थ के प्रलाप से,
कुछ दोस्त चाहिए आपसे।

साथ बिताए पल,
बचाएँगे हमें परिताप से,
कुछ दोस्त चाहिए आपसे।

बने रहें ऐसे ही,
न बदलें ईश्वर के प्रताप से,
कुछ दोस्त चाहिए आपसे।

– ❖ – ❖ – ❖ –

जीत

हारा वही-जो लड़ा नहीं,
गिरकर फिर से खड़ा नहीं।
संकल्पों पर अड़ा नहीं,
थककर, रुककर बढ़ा नहीं।

पीछा करती छाया निरंतर,
अंधकार में साथ न देती।
संकल्पों की बात तो दूर-
कठिनाई बुद्धि हर लेती।

कैसे प्रगति होगी अपनी
ख़ुद पर हो विश्वास यदि ना?
बादल से जो ढका हो सूरज
पर किरणों की आस यदि ना?

चट्टानों-सा अडिग हौसला,
और समुद्र-सी गहराई;
वृक्षों की सी सहनशीलता
जीवन में जब अपनाई

परिणाम जो भी हों आगे,
पहले संग्राम से जीत लिए।
कितने युद्ध खड़े आगे-
चाहे कितने बीत गए।

हारा वही-जो लड़ा नहीं,
गिरकर फिर से खड़ा नहीं।

– ❖ – ❖ – ❖ –

पर्दा

पर्दा क्यों लगाए हो?
क्या भीतर कुछ
कीमती छिपाए हो?

पर जितनी फितरत पता है,
कीमती चीज़ों का तो
प्रदर्शन होता है न?
नहीं?

शायद निजता का बोध
हो गया हो तुम्हें,
किसी और को
दिखाना नहीं चाहते कुछ,
नहीं?

कुछ भयावह?
छोड़ो, पर्दा लगा रहने दो।

– ❖ – ❖ – ❖ –

बाल गंगाधर तिलक

बाल गंगाधर तिलक
समस्त भारत के गौरव थे,
स्वाधीनता के मंत्र दाता,
स्वराज की सौरभ थे।

राजनीति के क्षेत्र में
बने थे एक क्रांति दीप,
गुलामी का तमस हटे,
भारत के बने प्रदीप।

गरम दल के प्रमुख थे,
जोश बहता था रुधिर में,
सहयोग पाया जन-जन का,
हो महलों में या कुटीर में।

जानकर ताकत कलम की,
'केसरी' के हुए संपादक,
विफल की ब्रिटिश नीति,
उनके कार्यों में हुए बाधक।

एक राजनीतिज्ञ, समाज सुधारक,
और थे एक शिक्षाविद्,
एक कुशल वक्ता थे,
स्वराज का था मंत्र प्रसिद्ध।

एक शिक्षक के बेटे ने,
पूरे संसार को शिक्षा दी,
"स्वराज जन्मसिद्ध अधिकार है",
सबको इसकी दीक्षा दी।

मांडले का कारागार भी
बन गया था पवित्र,
गीता रहस्य लिखा वहाँ,
बन गए थे जन-जन मित्र।

चौसठ वर्ष की आयु में भी,
सैकड़ों आपने काम किए,
समाज सुधार के कार्य,
भारत माँ के नाम किए।

गंगा-सी पावनता धर के,
आधुनिक भारत के वास्तुकार,
हे! धराधाम के पावन तिलक,
तुम्हें कोटि-कोटि नमस्कार।

– ❖ – ❖ – ❖ –

अपना जहाँ

भाव से
प्रभाव से
स्वभाव से
लगाव रखूँ तुमसे
तो सौदा न होगा ये?

सुनने का
हँसने का
बोलने का
अभिनय करूँ तुमसे
तो धोखा न होगा ये?

जानने की
मानने की
ठानने की
उम्मीदें रखूँ तुमसे
तो मुखौटा न होगा ये?

साझा कर
वादा कर
दावा कर
बातें करूँ तुमसे
तो मौका न होगा ये?

न धोखा हो, न सौदा हो
न मौका हो, न मुखौटा हो
मिलूँगा तुमसे उधर
वहाँ अपना जहाँ होगा

– ❖ – ❖ – ❖ –

पतझड़ की पीड़ा

पूछते हैं सब वसंत को,
तुम्हें पूछता कौन है?!

समझता हूँ वेदना तुम्हारी,
सारे कविराज मौन हैं।

झड़ जाते हैं पत्ते सारे,
सारी उदासी झेलते हो।

पुष्प खिलते हैं वसंत में,
सुंदरता में जाते सब खो!

आ जाते हैं बौर पेड़ पर,
चिड़ियाँ चहकने लगती हैं।

तुम सहते शीतल झोंके,
बगिया महकने लगती है!

हो कम पीड़ा इस उम्मीद में,
मैं तुमसे ये कहता हूँ।

जीवन का चक्र यही है,
इसे सोचता रहता हूँ।

– ❖ – ❖ – ❖ –

वर्षा आई

सूखे खेतों की भूमि पर,
कुछ क्षण में हरियाली लाई।
वर्षा आई, वर्षा आई।

हवा जो उमस भरी थी,
उसमें भी शीतलता लाई।
वर्षा आई, वर्षा आई।

बच्चों के मन में धूम मचाकर,
टप-टप, टिप-टिप आवाज़ सुनाई।
वर्षा आई, वर्षा आई।

माटी की सौंधी ख़ुशबू फैलाकर,
पशु-पक्षियों को भी भाई।
वर्षा आई, वर्षा आई।

अन्नदाता के चेहरे से,
उदासी की रेखा मिटाई,
वर्षा आई, वर्षा आई।

नदियाँ-नाले सूखे कब से,
उनमें भी पानी ले आई।
वर्षा आई, वर्षा आई।

धूल-धूसर के माहौल में,
कितनी ये सुंदरता लाई।
वर्षा आई, वर्षा आई।

– ❖ – ❖ – ❖ –

कितना जटिल सरल होना है

वादे ख़ुद से करते कितने,
क्यों पूरे न कर पाते हैं?
सोचा जब है सुबह उठेंगे,
फिर से क्यों सो जाते हैं?

चलो, सो गए आज सुबह हम,
सोने पर क्यों पछताते हैं?
इतना होने पर भी हम,
क्यों फिर से सब दोहराते हैं?

जो मन में है वही कहेंगे,
क्यों सच न कह पाते हैं?
याद नहीं है झूठ कहा जो,
ख़ुद को क्यों झुठलाते हैं?

चलो कहा झूठ आज हमने,
झूठेपन पर क्यों पछताते हैं?
इतना होने पर भी हम,
क्यों फिर से सब दोहराते हैं?

क्रोध नहीं अब कभी करेंगे,
क्यों तेवर में आ जाते हैं?
शांति की क़सम जो ली थी,
क्यों याद उसे न कर पाते हैं?

चलो, हो गए क्रुद्ध यदि हम,
गुस्से पर क्यों पछताते हैं?
इतना होने पर भी हम,
क्यों फिर से सब दोहराते हैं?

जितनी सहज बात है लगती,
उतना कठिन अमल होना है,
प्रयास करके जान पड़ा,
कितना जटिल सरल होना है!

– ❖ – ❖ – ❖ –

क्या ये आख़िरी पीढ़ी होगी?

जिसके पास न फ़ोन-मोबाइल,
और न घर पर टीवी होगी।

क्या ये आख़िरी पीढ़ी होगी?

जिनका बचपन खेल-खिलौना,
और न दारू-बीड़ी होगी।

क्या ये आख़िरी पीढ़ी होगी?

दुनियादारी का न झंझट,
व्यवहार में इतनी सीधी होगी।

क्या ये आख़िरी पीढ़ी होगी?

स्वस्थ शरीर और कोमल मन,
पर फटी फटी-सी एड़ी होगी।

क्या ये आख़िरी पीढ़ी होगी?

यूँ तो लेकर चलती सबको,
सत्य खातिर अकेली होगी।

क्या ये आख़िरी पीढ़ी होगी?

मुस्कान, झुर्रियाँ साथ-साथ,
कठिनाई कितनी झेली होगी।

क्या ये आख़िरी पीढ़ी होगी?

– ❖ – ❖ – ❖ –

हम सब यहाँ जमा हुए हैं

आज आसमान में
तारे देखे?
कुछ कम नज़र नहीं आए?

रास्ते में फूल
सारे देखे?
कुछ कम नज़र नहीं आए?

आज यह स्थान
इतना चमक रहा है,
लगता है उतर आया
प्रकाश आसमान का।

आज यह स्थान
इतना महक रहा है,
सींचा लगता है
बग़ीचा बाग़बान का।

यूँ मानो
चाँद-तारे सब यहाँ,
यूँ मानो
सितारे सब यहाँ।

एक नए सफ़र की
शुरुआत करने,
खट्टे-मीठे लम्हे
साथ करने।

मनोहर शाम की
गवाह हुए हैं,
हम सब यहाँ
जमा हुए हैं।

– ❖ – ❖ – ❖ –

कवि परिचय

नाम: आभास मालगुड़ी
पिता का नाम: लक्ष्मी प्रसाद मालगुड़ी
माता का नाम: सुमन लता
जन्म तिथि: 21 अप्रैल 2002
स्थायी पता: संगम एंक्लेव,सुन्दरवाला, रायपुर, देहरादून, उत्तराखंड
मूल निवास: रतूड़ा, कर्णप्रयाग, चमोली, उत्तराखंड

शिक्षा:

- विद्यालय: दि इंडियन अकैडमी, नेहरूग्राम, देहरादून
- बी.एससी.: बनारस हिंदू विश्वविद्यालय (बी.एच.यू.), वाराणसी
- एम.एससी.: भारतीय प्रौद्योगिकी संस्थान (आई.आई.टी.), जोधपुर, राजस्थान

लेखन कार्य:

- *नारी अधिकार (कविता)* – गढ़ नंदनी में प्रकाशित
- *जब हमने आगे बढ़ना है (कविता)* – खम्मा घणी पत्रिका, आई.आई.टी. जोधपुर में प्रकाशित

संपर्क: abhasmalguri1@gmail.com

www.ingramcontent.com/pod-product-compliance
Lightning Source LLC
LaVergne TN
LVHW090330210926
848480LV00004B/1360